Quelle approche adopter envers les personnes âgées confrontées à des problèmes de toxicomanie, de santé mentale et de jeu

Guide à l'intention
des intervenants et des bénévoles

Projet de CAMH sur le vieillissement en santé

I0101520

camh

Centre for Addiction and Mental Health
Centre de toxicomanie et de santé mentale

Un Centre collaborateur
de l'Organisation panaméricaine de la santé
et de l'Organisation mondiale de la Santé

Catalogage avant publication de Bibliothèque et Archives Canada

Quelle approche adopter envers les personnes âgées confrontées à des problèmes de toxicomanie, de santé mentale et de jeu : Guide à l'intention des intervenants et des bénévoles / Projet de CAMH sur le vieillissement en santé.

Traduction de : *Responding to older adults with substance use, mental health and gambling challenges.*

Comprend des références bibliographiques.
ISBN 0-88868-488-6

1. Personnes âgées—Santé mentale. 2. Personnes âgées—Consommation d'alcool. 3. Personnes âgées—Usage des médicaments. 4. Joueurs compulsifs. 5. Personnes âgées—Santé mentale, Services de. I. Centre de toxicomanie et de santé mentale II. Projet de CAMH sur le vieillissement en santé

HV1475.A2R4814 2006   362.2'084'6   C2006-900608-3

Imprimé au Canada
Copyright © 2006 Centre de toxicomanie et de santé mentale

Une copie de la présente publication qui peut être reproduite est accessible sur Internet à
www.camh.net/fr/care_treatment/Resources_for_Professionals/Older_adults (en français)
www.camh.net/care_treatment/Resources_for_Professionals/Older_adults (en anglais)

Available in English under the title : *Responding to older adults with substance use, mental health and gambling challenges: a guide for workers and volunteers.*

Pour obtenir des renseignements sur ce document et d'autres documents produits par le Centre de toxicomanie et de santé mentale, ou pour passer une commande, veuillez communiquer avec :
Services des publications
Tél. : 1 800 661-1111 ou 416 595-6059 à Toronto
Courriel : publications@camh.net
Site Web : www.camh.net

Crédits :
Conception et rédaction : MICHELLE MAYNES,
équipe du Projet de CAMH sur le vieillissement en santé
Révision, version anglaise : SUE MCCLUSKEY, NICK GAMBLE, CAMH; JANICE DYER
Traduction : Fitzgerald & Dionne
Révision, version française : Evelyne Barthès McDonald, CAMH
Conception graphique et illustration : MARA KORKOLA, CAMH
Production : CHRISTINE HARRIS, CAMH

3036/06-06   PM 062

Remerciements

L'idée de la présente publication est née d'une demande de financement élaborée par Randi Fine du réseau Older Persons' Mental Health and Addictions Network of Ontario (OPMHAN) et Margaret Flower du Centre de toxicomanie et de santé mentale (CAMH) pour leur atelier intitulé *Demystifying Concerns: Seniors' Mental Health, Substance Use and Problem Gambling*. Le développement et le contenu découlent de l'atelier lui-même.

L'idée a ensuite été présentée à des groupes de discussion composés d'intervenants de première ligne et dirigés en collaboration avec l'OPMHAN et CAMH à Thunder Bay, Toronto, Casselman et Ottawa au cours de l'hiver 2004. Les participants à ces groupes ont parlé des défis que pose le travail auprès de personnes âgées qui ont des problèmes de toxicomanie, de santé mentale et de jeu, et de ce dont ils ont besoin pour les aider dans leur travail. Nous espérons que la présente publication est un début pour répondre à leurs besoins.

D'autres personnes se sont jointes à l'équipe après la première ébauche de ce livret. Les ébauches suivantes ont été révisées par des membres de l'équipe du Projet de CAMH sur le vieillissement en santé, par des spécialistes de l'extérieur et, enfin, par des membres du public cible. Leurs commentaires et suggestions ont contribué à façonner et à améliorer chaque ébauche.

Michelle Maynes a pris en charge l'élaboration, la recherche et la rédaction de la présente publication, dont les illustrations et le design sont de Mara Korkola, toutes deux d'Éducation et publication à CAMH. C'est l'engagement de CAMH envers la diversité qui a motivé la réalisation et le financement de cette publication.

Mille mercis à toutes les personnes qui ont donné de leur temps, fait part de leurs idées, mis à contribution leur expertise et leur talent, et soutenu ce projet.

JENNIFER BARR
Chef de projet
Projet de CAMH sur le vieillissement en santé
Décembre 2005

Remarque : Les termes de genre masculin utilisés pour désigner des personnes englobent à la fois les femmes et les hommes. L'usage exclusif du masculin ne vise qu'à alléger le texte.

Équipe du Projet de CAMH sur le vieillessement en santé

JENNIFER BARR, chef de projet, conseillère, Éducation et publications, CAMH

BLANCHE E. BENETEAU, conseillère de projets, CAMH

PETER CHEN, thérapeute et agent de formation en toxicomanie, Service du jeu problématique, CAMH

DANIÈLE DAIGLE, spécialiste en éducation et formation, CAMH

MICHELLE DONALD, conseillère, ressources psychogériatriques, CAMH

MARGARET FLOWER, chef de service, Des solutions uniques pour les personnes âgées (OPUS 55), CAMH

Dr LUIS FORNAZZARI, directeur clinique, Programme de psychiatrie neurogériatrique, CAMH

MICHELLE MAYNES, conceptrice de publications, CAMH

LEONA MURPHY, conseillère en planification des systèmes, CAMH

LISE NOLET, conseillère de projets, CAMH

PAT RUSSELL, conseillère de projets, CAMH

CINDY SMYTHE, associée de recherche, CAMH

CHARMAINE SPENCER, associée de recherche et professeure auxiliaire, Gerontology Research Centre, Université Simon Fraser

Réviseurs professionnels

EVELYN BAKICH, infirmière autorisée, CPGC, conseillère, Sister Margaret Smith Centre

MONICA BRETZLAFF-NEARING, BA, TRS, conseillère en ressources psychogériatriques, Northeast Mental Health Centre

SHERRY DUPUIS, Ph.D., directrice, Murray Alzheimer Research and Education Program

RANDI FINE, directrice générale, Older Persons' Mental Health and Addictions Network of Ontario

GABRIELLA GOLEA, directrice administrative, Programme de santé mentale gériatrique, CAMH

MARY JANE HERLIHY, infirmière autorisée, B.Sc.Inf., conseillère en éducation clinique, Paramed Home Heath Care

KATHLEEN KENNEDY, infirmière autorisée, BA, MPA, coordonnatrice du programme de formation des préposés aux services de soutien à la personne, Collège Saint-Laurent

ELLIE MUNN, conseillère de projets, CAMH

BETTY MACGREGOR, M.Serv.Soc., chef de service, Programme d'évaluation et de traitement de l'alcoolisme et de la toxicomanie chez les personnes âgées (LESA) et Programmes d' éducation sur le diabète, Centre de santé communautaire du Centre-Ville

DAVID PATRICK RYAN, Ph.D., C.Psych., directeur de l'éducation, Regional Geriatric Program of Toronto ; professeur adjoint et conseiller en téléenseignement et application des connaissances, faculté de médecine, Université de Toronto

SHARON M.K. SAUNDERS, chef de l'éducation, Société Alzheimer de l'Ontario

MARILYN WEEKLEY, infirmière autorisée, Medical Priorities Home Health Care

Réviseurs du public cible

YVONNE CLACKETT, préposée aux services de soutien à la personne, Medical Priorities

KATHLEEN COMMANDA, préposée aux services de soutien à la personne, Algonquin Tennisco Manor

RICHARD GREENE, bénévole, Centre de ressources communautaires d'Ottawa ouest

KHOON YEE (CONNIE) HAMER-NG, préposée aux services de soutien à la personne, ParaMed et Comcare

KEITHA MITCHELL, infirmière autorisée, B.Sc.Inf, préposée au soutien communautaire, Centre de ressources communautaires d'Ottawa ouest

ZOFIA PALUCH, préposée principale aux services de soutien à la personne, LOFT Community Services

JUDY PATTERSON, préposée aux services de soutien à la personne, Elm Grove Living Centre

MONICA TAYLOR, aide-soignante, Elm Grove Living Centre

Merci également aux personnes qui ont demandé que leur nom ne soit pas mentionné.

Table des matières

Introduction

À qui ce document est-il destiné ?

Il s'adresse aux personnes qui travaillent auprès de personnes âgées, à leur domicile, dans la collectivité et dans le secteur des soins de longue durée— qui comprennent entre autres les préposés aux services de soutien à la personne, les aide-soignants, les bénévoles de la « popote roulante » et ceux qui font des visites amicales, ainsi que le personnel des centres et des résidences pour personnes âgées et des maisons de soins infirmiers. Le présent document est également destiné aux personnes qui surveillent ou forment le personnel de première ligne. Certains lecteurs auront peut-être plus ou moins de formation et d'expérience que d'autres, mais tous sont en contact étroit avec des personnes âgées.

Pourquoi avons-nous rédigé ce document pour vous ?

Votre travail et vos activités bénévoles sont importants. Les services que vous fournissez et l'attention que vous accordez aux personnes âgées sont essentiels pour leurs soins, leur dignité et leur qualité de vie. Le travail que vous faites contribue également à soutenir les familles des personnes âgées, qui ne sont pas nécessairement en mesure de fournir elles-mêmes des soins.

Le présent document a été rédigé en réponse à certains des défis auxquels vous faites face dans votre important travail et pour vous aider à mieux comprendre certaines personnes âgées et être plus à l'aise avec elles. Il est parfois difficile de savoir quoi dire lorsque l'on croit percevoir chez une personne âgée un comportement qui pourrait être le reflet d'un problème de toxicomanie, de santé mentale ou de jeu de hasard et d'argent. On ne sait peut-être pas exactement ce qu'il faut vérifier, comment en parler à la personne ou ce que l'on peut faire.

Comme vous êtes en contact étroit avec les personnes âgées, il se peut que vous soyez la première personne à remarquer un problème. S'il s'agit d'un problème sans gravité, vous pourrez aider la personne vous-même. Par contre, si le problème est plus grave, vous devrez peut-être en parler à d'autres personnes qui pourront intervenir. Dès le premier contact, vous pouvez faire une différence. Votre façon d'aborder la situation peut influer sur la façon dont les personnes âgées se perçoivent elles-mêmes et perçoivent leurs difficultés et sur la façon dont elles vous voient et dont elles voient les autres. Votre façon de réagir aux personnes âgées peut contribuer à établir un climat de confiance qui leur permettrait d'accepter plus facilement votre aide ou celle d'autres personnes comme des médecins ou des travailleurs sociaux.

Il y a beaucoup à savoir sur les problèmes de toxicomanie, de santé mentale et de jeu qui touchent les personnes âgées. Le présent document ne fera pas de vous un spécialiste, mais il vous fournira beaucoup de renseignements pratiques qui pourront vous aider dans votre travail.

1

La nature du vieillissement

Qui sont les personnes âgées ?

Pour certains, une personne âgée est une personne de plus de 55 ans ; d'autres soutiennent que ce sont les personnes qui ont plus de 60 ans ou de 65 ans. Quoi qu'il en soit, certaines personnes vivent jusqu'à 70, 80, 90 et même 100 ans ou plus. Les personnes âgées sont différentes selon leur âge, leur milieu et leur vécu. Chacune d'elle est unique.

Cependant, il existe des changements et des défis communs à toutes les personnes qui vieillissent.

Qu'est-ce que le vieillissement naturel ?

Le vieillissement s'accompagne de changements physiques et mentaux tout à fait naturels. Par exemple :

· les cheveux grisonnent, la peau se ride, l'ouïe et la vue diminuent, la force physique s'amoindrit, les mouvements ralentissent et le temps de réaction s'allonge ;

· il faut plus de temps pour apprendre ou se remémorer certaines choses (mais le vocabulaire ne cesse pas d'augmenter et la personnalité demeure la même). De plus, les événements de la vie porteurs de stress (p. ex., la retraite, le départ du foyer familial, la perte d'amis et de parents) ont tendance à se multiplier, tandis que le soutien social des amis, des parents et des collègues tend à diminuer.

Problèmes de santé liés à l'âge

Certains problèmes de santé sont plus courants chez les personnes âgées. Celles qui ont besoin de votre aide sont plus susceptibles d'être frêles ou d'avoir d'autres problèmes de santé, notamment :

· différentes formes de démence, comme la maladie d'Alzheimer

· de l'ostéoporose

· de l'arthrite

· des problèmes de vision

· des problèmes d'ouïe

· une intolérance aux aliments et des problèmes digestifs

· des blessures attribuables aux chutes

· de l'hypertension

· des maladies cardiaques

· des accidents vasculaires cérébraux (AVC)

· la maladie de Parkinson

Santé physique, émotions et comportement

Les problèmes de santé physique d'une personne peuvent également avoir des effets sur ses émotions et son comportement. Par exemple :

· la douleur peut avoir un effet sur l'humeur ;

· la perte auditive peut causer des malentendus ;
· la maladie de Parkinson, la démence et un AVC peuvent porter atteinte à la faculté d'élocution de la personne et l'exaspérer ;
· la maladie de Parkinson, la démence et un AVC peuvent également causer des changements de personnalité et de comportement.

Quel est le problème ?

Il est souvent difficile de savoir pourquoi le comportement d'une personne âgée semble étrange ou difficile, en particulier si vous connaissez mal la personne et ne la voyez que pendant de courtes périodes. Même si vous la connaissez bien, son comportement pourrait avoir plusieurs causes possibles que souvent, seul un médecin peut déterminer. Par exemple, la maladie, un problème de toxicomanie, un problème de santé mentale ou une combinaison de ces facteurs peut causer :

· une dépression, de l'irritabilité ou du délire
· de la confusion, de la désorientation ou des pertes de mémoire récente
· des troubles de l'élocution
· des trébuchements et des chutes
· des problèmes de sommeil
· des changements d'appétit
· une plus grande solitude

Qu'est-ce qui cause le problème ?

Il importe de comprendre que ces comportements *ne* sont *pas* nécessairement causés par le processus naturel de vieillissement. Par exemple, leur cause pourrait être :

· un problème d'alcool
· de l'anxiété
· de la démence
· une dépression
· un problème de jeu
· un problème de médication

Chacun de ces facteurs sera abordé dans le présent livret. Pour commencer, mettez à l'épreuve vos connaissances sur le vieillissement en répondant aux questions suivantes.

Mythes et réalités concernant le vieillissement

Vrai ou faux ?

1. Plus vous vieillissez, moins vous avez besoin de sommeil.   V F

2. Les gens consomment plus de médicaments en vieillissant.   V F

3. Au fur et à mesure que votre corps change au fil des ans, il en va de même de votre personnalité.   V F

4. L'intelligence diminue avec l'âge.   V F

5. La plupart des personnes âgées vivent seules.   V F

6. La plupart des gens seront atteints de démence s'ils vivent assez longtemps.   V F

7. Ce sont les femmes âgées qui ont les revenus les plus faibles parmi tous les groupes d'adultes.   V F

8. La plupart des personnes âgées ne s'intéressent pas aux rapports sexuels ou ne sont pas capables d'en avoir. V F

9. De nombreuses personnes âgées sont préoccupées par la mort.   V F

10. La plupart des personnes âgées qui viennent d'arriver en Ontario ne parlent ni le français, ni l'anglais. V F

Réponses

1. **Faux.** Plus tard dans la vie, c'est la qualité du sommeil qui peut diminuer et non la quantité. À mesure qu'on vieillit, on est plus susceptible de multiplier les petites siestes que de dormir pendant de longues périodes.

2. **Vrai.** La plupart des Canadiens âgés prennent au moins un médicament sur ordonnance ou en vente libre. Les personnes âgées sont également plus susceptibles que les jeunes adultes de prendre plus d'un médicament.

3. **Faux.** La personnalité d'une personne demeure constante toute sa vie, sauf lorsque des changements sont causés par la maladie d'Alzheimer ou d'autres formes de démence, un AVC ou une autre maladie grave.

4. **Faux.** L'intelligence de la plupart des personnes demeure la même ou même s'améliore avec l'âge, mais il faut plus de temps aux personnes âgées pour apprendre quelque chose de nouveau.

5. **Faux.** La plupart des Canadiens âgés vivent avec leur conjoint ou leur conjointe, dans leur famille élargie ou avec d'autres personnes. En 1996, seulement 29 pour 100 des personnes âgées vivaient seules.

6. **Faux.** La démence ne fait pas partie du processus normal de vieillissement.

7. **Vrai.** En 2001, 46 pour 100 des femmes veuves, célibataires ou divorcées âgées de 65 et plus vivaient sous le seuil de la pauvreté. Il s'agit du taux de pauvreté le plus élevé pour n'importe quel type de famille au Canada.

8. **Faux.** Le vieillissement ne change pas nécessairement l'intérêt d'une personne pour les relations sexuelles ni sa capacité à en avoir. Cependant, la façon d'exprimer ses sentiments sexuels peut changer avec l'âge et les occasions risquent de diminuer en raison de la perte d'un partenaire, de changements physiques ou de l'adoption de certains modes de vie.

9. **Faux.** Les attitudes par rapport à la mort varient, mais souvent, les personnes âgées sont moins angoissées et plus détendues face à la mort. Lorsqu'elles voient des proches mourir, elles commencent à accepter leur propre mortalité et ont tendance à parler plus librement de leur mort.

10. **Vrai**. Sur les plus de 6 000 immigrants âgés qui se sont établis en Ontario de 1996 à 1999, 64 pour 100 des femmes et 56 pour 100 des hommes ne parlaient ni le français, ni l'anglais.

Adapté du jeu-questionnaire sur le vieillissement du Secrétariat aux affaires des personnes âgées de l'Ontario. *Reproduit avec permission.*

Question de diversité

Vous travaillez peut-être auprès de personnes qui ont des expériences et des antécédents très différents des vôtres, notamment en ce qui concerne :
· l'âge
· les antécédents ethnoculturels ou la nationalité
· la langue
· la religion
· les attitudes par rapport à la sexualité et à l'orientation sexuelle (p. ex., hétérosexualité, homosexualité, lesbianisme)

Au début, certaines différences peuvent vous mettre mal à l'aise. Cependant, si vous apprenez à connaître et à comprendre la personne, vous constaterez souvent que vous avez plus de choses en commun que vous ne le pensiez.

Dans la présente section, nous examinons brièvement deux questions qui peuvent influer sur vos relations avec les personnes âgées auprès de qui vous travaillez.

Diversité ethnoculturelle

On retrouve plus de 200 groupes ethnoculturels au Canada (Conseil consultatif national sur le troisième âge, 2005). Chaque groupe a ses propres valeurs et croyances qui influent sur la façon d'agir des gens, leurs rapports avec les autres, leur façon de faire face à la maladie et à la douleur, et leur attitude devant à la vie et la mort. En raison de ces valeurs et croyances différentes, un comportement, acceptable pour certains, peut rendre d'autres mal à l'aise. Il est fort probable que vous travailliez auprès de personnes âgées qui proviennent de groupes autres que le vôtre.

Voici quelques-unes des différences les plus courantes :
· langue
· religion
· tenue vestimentaire
· régime alimentaire
· rôle de la famille
· sens de l'espace personnel
· contact visuel
· toucher
· ton de la voix
· attitudes sur l'âge
· attitudes sur la toxicomanie et la santé mentale
· attitudes sur l'accès aux soins de santé
· rôle des enfants adultes dans le soin des parents vieillissants
· respect de l'autorité
· façon de s'adresser à eux (p. ex., en les appelant « monsieur » ou « madame » plutôt que par leur prénom)
· assentiment ou non à l'échange de renseignements personnels
· comportement à l'égard des personnes du sexe opposé
· méfiance à l'égard des autres groupes culturels
· valeurs et croyances concernant la mort

Il est utile d'apprendre certaines choses sur les habitudes, les croyances et les valeurs des différents groupes ethnoculturels de personnes âgées auprès de qui vous travaillez. Par exemple, si vous apprenez quelques expressions dans la langue d'une personne âgée, elle pourra se sentir plus à l'aise. Dans la mesure du possible, demandez à la personne âgée de vous dire quelles différences il y a entre sa culture et la vôtre ou informez-vous auprès de membres de sa famille ou d'autres personnes appartenant au même groupe ethnoculturel.

Diversité sexuelle

La sexualité et l'orientation sexuelle demeurent des dimensions importantes de la vie des gens qui vieillissent. Les personnes âgées gaies ou lesbiennes peuvent avoir été victimes de discrimination pendant leur vie à cause de leur orientation sexuelle. Peut-être qu'elles ont été rejetées par leur famille d'origine et qu'elles ont constitué leur propre « famille choisie », différente d'une famille conventionnelle. Par conséquent, ces personnes pourraient avoir de la difficulté à se confier au sujet de leur partenaire ou de leur famille. En montrant que vous comprenez et que vous acceptez l'orientation sexuelle de la personne âgée, vous lui témoignez du respect.

Respect de votre diversité

Dans un monde idéal, vous et les personnes âgées auprès de qui vous travaillez acceptez et respectez mutuellement vos différences. Cependant, vous rencontrerez peut-être des personnes âgées qui ne respecteront pas vos différences et qui pourront même faire preuve de racisme, d'âgisme ou de sexisme à votre égard. Si tel est le cas, rappelez-vous que certaines personnes âgées ont eu peu de contacts avec le monde extérieur. Par conséquent, elles peuvent être plus circonspectes ou avoir davantage tendance à porter des jugements sur les gens qui sont différents d'elles. En témoignant de l'intérêt envers la personne âgée, vous pouvez l'aider à vous voir de la même manière. Le chapitre 3, intitulé « Instruments et techniques de communication », qui commence à la page 37, donne des conseils qui vous aideront à faire face aux situations où l'on ne vous traite pas comme vous aimeriez être traité.

2

Problèmes de toxicomanie, de santé mentale et de jeu chez les personnes âgées

Les problèmes de toxicomanie, de santé mentale et de jeu chez les personnes âgées peuvent avoir différentes causes, entre autres :

· problèmes dans la vie d'une personne (p. ex., stress, pauvreté, mauvaises habitudes alimentaires, logement médiocre)
· problèmes émotionnels (p. ex., violence ou deuil)
· problèmes physiques (p. ex., AVC ou autre maladie)

Une personne âgée peut avoir été aux prises avec un problème de dépendance ou de santé mentale pendant de nombreuses années, ou ce problème peut être survenu plus récemment.

Le présent chapitre décrit les problèmes de toxicomanie, de

santé mentale et de jeu ainsi que leurs effets sur les personnes âgées. Il traite les causes et les signes de ces problèmes et offre des conseils pour aborder la question avec la personne âgée et déterminer quand et où obtenir de l'aide.

Lorsque vous lirez ce chapitre, n'oubliez pas que les problèmes de dépendance et de santé mentale sont de gravité variable. Même un tout petit problème peut avoir des répercussions sur la qualité de vie d'une personne âgée.

Un problème peut en créer un autre. Ainsi, une personne qui souffre de dépression peut se tourner vers l'alcool pour faire face à sa dépression. Souvent, ces problèmes se chevauchent et sont interreliés. Vous ne pourrez peut-être pas déterminer la cause du problème, mais le présent chapitre vous aidera à mieux en comprendre les causes possibles et à mieux réagir.

Problèmes d'alcool

Beaucoup d'adultes boivent de l'alcool sans avoir de problèmes. Cependant, lorsque des problèmes apparaissent, ils peuvent commencer à se manifester tôt dans la vie ou plus tard, lorsqu'une personne a de la difficulté à faire face à la retraite ou à la perte d'un être cher, par exemple. Une personne âgée peut s'isoler, tentant de cacher son habitude de consommation, ou se retrouver seule lorsque sa famille et ses amis décident de s'éloigner d'elle.

Effets de l'alcool chez les personnes âgées

À mesure que les personnes prennent de l'âge, elles deviennent plus sensibles aux effets de l'alcool et leur corps métabolise l'alcool plus lentement. C'est donc dire que les personnes âgées sont plus vulnérables aux effets négatifs de l'alcool. Par exemple :

· l'alcool réduit le contrôle musculaire, ce qui augmente le risque de blessures attribuables à des chutes ;

· l'alcool peut aggraver d'autres problèmes de santé, comme la confusion et la perte de mémoire, des lésions au foie, le diabète, les problèmes cardiaques ou gastriques et de tension artérielle.

Certaines personnes âgées peuvent développer une *dépendance* à l'alcool. Elles peuvent se sentir incapables d'arrêter de boire, même lorsque l'alcool leur cause des problèmes de santé ou de logement ou encore des problèmes financiers, sociaux ou familiaux. Les personnes ayant une dépendance à l'alcool qui arrêtent de boire soudainement peuvent ressentir des symptômes de *sevrage* qui peuvent les rendre très malades, voire mettre leur vie en danger dans certains cas.

Que pouvez-vous faire ?

Vous ne pourrez peut-être pas aider une personne à arrêter de boire ou à réduire sa consommation d'alcool, mais vous *pouvez* réduire les méfaits causés par l'alcool. Vous pouvez également aider les personnes âgées à mieux se préparer à arrêter de boire ou à réduire leur consommation d'alcool.

Pour ce faire, vous pouvez notamment travailler de concert avec votre superviseur pour élaborer un plan de soins. Il veillera à ce que la personne ait de quoi manger et payer son loyer avant d'acheter de l'alcool. En plus de contribuer à stabiliser les personnes âgées qui ont des problèmes d'alcool, un tel plan les aide à tisser des liens avec vous.

Si une personne âgée vous demande d'acheter de l'alcool et de le lui apporter, vérifiez auprès de votre superviseur si c'est autorisé. Votre superviseur jugera peut-être plus prudent d'approvisionner la personne âgée en alcool que de la laisser sortir ou de la laisser obtenir de l'aide d'une personne qui pourrait profiter de la situation à ses dépens.

Les problèmes d'alcool sont-ils courants chez les personnes âgées ?

Entre 6 et 10 pour 100 des personnes âgées ont des problèmes d'alcool ; ce taux est le même que dans le reste de la population adulte (Seeking Solutions, 2004).

Signes de problèmes d'alcool

Les signes avant-coureurs comprennent ce qui suit :
· perte de coordination, chutes
· troubles de l'élocution
· difficulté à dormir
· soins personnels négligés, par exemple, ne plus prendre son bain, ne plus manger (ou mal manger) ou ne pas s'occuper de ses problèmes de santé
· bouteilles ou canettes vides dans les poubelles
· irritabilité, dépression ou confusion
· trouver des excuses ou raconter des histoires pour cacher la vérité concernant la consommation d'alcool
· perte de mémoire après avoir pris un verre
· perdre le contact avec ses amis ou sa famille

Comment parler à une personne âgée qui a un problème d'alcool

Les personnes qui ont un problème d'alcool ont souvent une piètre opinion d'elles-mêmes. Elles peuvent se sentir incapables d'arrêter de boire ou avoir l'impression que personne ne se soucie d'elles.

Vous ne pouvez pas arrêter une personne de boire, mais vous pouvez l'aider à avoir une meilleure opinion d'elle-même. En les traitant avec respect, vous pouvez aider les personnes âgées à trouver le respect de soi et la force dont elles ont besoin pour faire face à leur problème d'alcool.

Si vous confrontez une personne au sujet de son problème d'alcool (p. ex., en lui disant, « Vous avez un problème » ou « Vous devriez arrêter de boire »), probablement que cette personne refusera de l'admettre ou d'en parler. En parlant à des personnes âgées qui ont un problème d'alcool, mettez l'accent sur la « personne » plutôt que sur le « problème » :
· N'utilisez pas des termes comme « alcoolique » ou « dépendant ».
· Encouragez la personne à parler de ses habitudes de consommation d'alcool lorsqu'elle est sobre (p. ex., « Qu'avez-vous fait hier soir ? » « Comment vous sentez-vous ce matin ? »).

· Décrivez ce que vous voyez (p. ex., « Je remarque que vous avez de la difficulté à marcher. » « On dirait que tout ce que vous avez mangé cette semaine ce sont des tartelettes au beurre. Vous n'aimez pas vos repas ? »).

· Évitez de dire que les problèmes de la personne disparaîtront si elle arrête de boire. Dites plutôt : « Vous ne semblez pas être vous-même ces jours-ci. Vous sortez moins souvent et vous mangez moins. Comment vous sentez-vous ? Aimeriez-vous parler à quelqu'un ? »

· Encouragez la personne à participer à des activités qu'elle aime et qui ne comportent pas de consommation d'alcool.

Quand demander de l'aide

Il est difficile de savoir ce que vous pouvez ou devriez faire pour aider les personnes âgées qui ont des problèmes d'alcool, mais une chose est sûre : vous devriez signaler à votre superviseur les signes qui vous donnent à penser que les habitudes de consommation d'alcool d'une personne âgée lui cause des problèmes. Votre superviseur peut alors essayer d'orienter la personne vers un spécialiste du traitement des problèmes d'alcool.

Les personnes âgées qui obtiennent une aide professionnelle pour leurs problèmes d'alcool sont souvent capables de réduire ou de cesser leur consommation sans rechuter, souvent mieux que les jeunes adultes. Cependant, certaines personnes âgées ne sont pas disposées à accepter le traitement. En outre, il se peut aussi que des traitements axés sur les personnes âgées ne soient pas offerts dans votre collectivité.

Si une personne âgée ou une autre personne qui habite chez elle boit ou est en état d'ivresse lorsque vous lui rendez visite, il se peut que votre organisme exige que vous ne restiez pas et que vous informiez votre superviseur. Si c'est la politique de votre organisme, expliquez à la personne âgée que c'est pour ça que vous ne pouvez pas lui donner de soins pour l'instant.

Même lorsqu'il semble peu probable que les problèmes d'alcool d'une personne âgée s'améliorent, vous pouvez aider, en donnant le même degré de soins, de patience et de soutien que vous donnez aux autres personnes âgées dans le cadre de votre travail.

Angoisse

Il est normal et même sain de se sentir inquiet ou d'avoir peur dans certaines situations. Par exemple, si vous êtes sur le point de subir une intervention chirurgicale majeure, vous pouvez vous attendre à vous sentir inquiet. Ou encore, si vous faites une promenade et qu'un chien coure vers vous en grondant férocement, la peur que vous ressentirez pourrait vous aider à vous enfuir en courant pour sauver votre vie. Ces sentiments peuvent être décrits comme de l'angoisse, mais ils ne sont pas une cause d'inquiétude.

Cependant, certaines personnes ressentent de l'angoisse souvent, voire tout le temps. Cette angoisse peut nuire à leur capacité d'exécuter leurs tâches quotidiennes ou de prendre part à des activités sociales et d'avoir des relations. Ce genre d'angoisse est préoccupant.

Les problèmes d'angoisse peuvent être reliés :
· à des événements stressants ou traumatisants
· à la consommation d'alcool, de médicaments ou de caféine
· à des antécédents familiaux de troubles anxieux
· à d'autres problèmes médicaux ou psychiatriques

Genres de problèmes d'angoisse

Il existe plusieurs problèmes d'angoisse, entre autres :
· *les phobies* : lorsqu'une personne a peur de quelque chose en particulier, par exemple, des hauteurs ou des araignées
· *le trouble panique* : lorsqu'une personne vit un épisode de peur intense, souvent accompagnée de symptômes qui ressemblent à ceux d'une crise cardiaque
· *le trouble obsessionnel-compulsif* : lorsque des personnes voient un danger

dans les choses de tous les jours et ont des rituels qui prennent du temps pour sécuriser leur environnement

· *le trouble anxieux généralisé* : lorsqu'une personne s'inquiète à l'excès pendant une longue période de temps

· *le syndrome de stress post-traumatique* : lorsqu'une personne revit la peur qu'elle a vécue pendant un événement traumatisant, comme une agression ou un accident

Les problèmes d'angoisse sont-ils courants chez les personnes âgées ?

Les problèmes d'angoisse sont aussi courants chez les personnes âgées que chez les jeunes. Des recherches démontrent que :

· un adulte sur quatre a un trouble anxieux à un moment donné de sa vie ;

· près de 20 pour 100 des personnes âgées de plus de 65 ans ont eu un trouble anxieux au cours des six derniers mois ; la phobie est la forme la plus courante d'angoisse (Blazer et coll., 1991) ;

· les troubles anxieux sont le problème de santé mentale le plus courant chez les femmes ; chez les hommes, ils se classent au deuxième rang, après les problèmes de toxicomanie (Rector et coll., 2005).

Signes de problèmes d'angoisse

Les problèmes d'angoisse peuvent rendre les gens tellement inquiets et craintifs que ces derniers se comportent d'une manière qui leur paraît à eux-mêmes insensée. L'angoisse peut également les rendre malades physiquement. Les signes qui indiquent qu'une personne âgée peut avoir un problème d'angoisse comprennent :

· inquiétude ou peur irrationnelle et excessive

· vérification et contre-vérification à des fins de sécurité

· accumulation et collection

· refus de faire des activités courantes ou préoccupation excessive d'une routine

· évitement des situations sociales

· palpitations cardiaques

- difficulté de respiration, tremblements, nausées, sueurs
- tension musculaire, sensation de faiblesse et vacillements
- dépression

Médicaments pour combattre les problèmes d'angoisse

Les personnes qui ont des problèmes d'angoisse prennent souvent des médicaments sur ordonnance appelés *benzodiazépines* (p. ex., Ativan, Xanax, Halcion et Valium). Ces médicaments ont un effet calmant qui contribue à atténuer l'angoisse. Cependant, ils peuvent également causer des pertes de mémoire, de la confusion et des pertes d'équilibre, ce qui augmente le risque de chutes. Lorsqu'elles sont prises régulièrement pendant une longue période de temps, les benzodiazépines peuvent créer une dépendance. Après une consommation à long terme, l'usage de ces médicaments devrait être interrompu graduellement et uniquement sous surveillance médicale.

Comment parler à une personne âgée qui a un problème d'angoisse

Les personnes qui ont des problèmes d'angoisse savent souvent qu'elles ont trop peur, mais elles ne peuvent pas maîtriser cette peur. Si vous travaillez auprès de personnes âgées qui semblent être angoissées à l'excès :
- parlez sur un ton calme et rassurant ;
- reconnaissez les peurs, mais n'entrez pas dans le jeu (p. ex., « Je comprends que le fait d'aller au centre commercial vous perturbe, mais pouvez-vous venir avec moi dehors pour faire une petite promenade ? Vous me direz quand vous voulez rentrer à la maison et je vous ramènerai. ») ;
- soutenez la personne mais pas son angoisse (p. ex., « Je sais que vous aimez que votre salle de bains soit impeccable, et je fais un travail extra-spécial. Si vous me dites ce que vous aimeriez que je fasse de plus, j'essaierai de trouver le temps nécessaire pour cela à ma prochaine visite. ») ;
- encouragez les personnes à participer à des activités sociales (p. ex., « Saviez-vous qu'il y a un groupe de tricot qui se rencontre au centre pour aînés demain ? Je vois que vous travaillez toujours à un projet. Seriez-vous intéressée à y aller ? »).

Quand demander de l'aide

Pour les personnes qui ont des problèmes d'angoisse, il est difficile, voire impossible, de profiter de la vie. Heureusement, la plupart des problèmes d'angoisse peuvent être gérés par la psychothérapie, des médicaments et des techniques de relaxation. Informez votre superviseur si vous croyez qu'un problème d'angoisse nuit à la qualité de vie d'une personne âgée. Votre superviseur pourra alors tenter d'orienter la personne âgée vers une personne qualifiée pour fournir de l'aide aux gens ayant des problèmes d'angoisse.

Démence

En vieillissant, il arrive qu'il soit plus difficile de se rappeler certaines choses, mais ce n'est pas de la démence. La démence est un état du cerveau qui entrave la mémoire et la pensée. Ses effets dépendent de sa cause, des parties du cerveau qui sont touchées et de la gravité ou du stade de la maladie.

La démence rend plus difficile l'exécution de certaines tâches, la socialisation et l'adaptation aux changements et à l'incertitude pour les personnes qui en sont atteintes. Elle peut également causer des changements de l'humeur ou du comportement d'une personne.

Genres de démence

Les différentes formes de démence comprennent entre autres :
· la maladie d'Alzheimer (66 pour 100 des personnes atteintes de démence)
· la démence vasculaire causée par un AVC (la deuxième forme de démence la plus courante)
· la démence du corps de Lewy (de 15 à 20 pour 100 des personnes atteintes de démence)
· la démence du lobe frontal (de 2 à 5 pour 100 des personnes atteintes de démence)
· la démence éthylique (provoquée par une consommation excessive d'alcool)

Soin des personnes atteintes de démence

Généralement, les traitements contre la démence n'arrêtent pas les dommages au cerveau et ne les renversent pas, mais ils peuvent parfois en ralentir la progression ou agir sur certains symptômes. Cependant, dans le cas de la démence éthylique, les dommages peuvent être ralentis ou renversés si la consommation d'alcool est réduite.

Les personnes atteintes de démence sont tout aussi susceptibles de vivre chez elles, seules ou avec leur famille, que dans un établissement (Étude sur la santé et le vieillissement au Canada, 1994). Elles se tirent mieux d'affaire lorsqu'elles peuvent :

· prendre soin d'elles-mêmes autant que possible et aussi longtemps que possible ;
· continuer de vivre dans le même milieu et de la même façon ;
· être en contact avec les mêmes personnes ;
· conserver autant que possible les mêmes habitudes.

Lorsqu'il devient trop difficile pour les personnes atteintes de démence de remplir certaines tâches quotidiennes, comme faire ses courses, faire la cuisine, prendre un bain ou faire les travaux d'entretien ménager, les intervenants et les bénévoles peuvent les aider à rester chez elles plus longtemps. Aux derniers stades de la maladie, bon nombre d'entre elles doivent être admises dans des maisons de soins de longue durée.

Offrir des choix

Qu'elles vivent à la maison ou dans des maisons de soins de longue durée, les personnes âgées ont besoin d'avoir un sentiment d'autonomie et de libre arbitre. Même si elles sont de moins en moins capables de prendre soin d'elles-mêmes, elles souhaitent peut-être continuer à choisir ce qu'elles veulent manger, quels vêtements elles veulent porter ou quelles activités elles veulent faire. Leur donner des choix peut les aider à maintenir leur dignité malgré une maladie pénible.

Lorsque vous leur offrez des choix, n'oubliez pas que certaines personnes atteintes de démence ont de la difficulté à prendre des décisions et que le fait de les presser à faire un choix peut leur causer de l'angoisse et du stress. Si la personne semble incapable de choisir, limitez les choix que vous lui offrez ou aidez-la à faire son choix. Par exemple, vous pourriez dire : « Le poulet est très bon aujourd'hui ; je pense que vous allez l'aimer. » Ou ceci : « Cette chemise vous va bien ; essayons-la. »

Delirium ou démence

Le delirium ressemble parfois à de la démence, mais il en est très différent. La démence se développe habituellement sur une longue période de temps, souvent de nombreuses années. Le delirium est une confusion grave qui se produit rapidement et qui est temporaire. Il peut représenter un danger de mort et requiert une intervention médicale immédiate.

Les signes avant-coureurs du delirium comprennent des changements soudains dans le raisonnement et le comportement d'une personne ou des changements qui vont et viennent pendant une journée. Les causes possibles du delirium comprennent la maladie, une blessure à la tête, la déshydratation ou une réaction à l'alcool ou à certains médicaments comme les anesthésiques utilisés pour une chirurgie.

La démence est-elle courante chez les personnes âgées ?

Les personnes sont plus susceptibles de développer une démence en vieillissant. Selon l'Étude sur la santé et le vieillissement au Canada (1994), la démence touche :
· 2 pour 100 des Canadiens âgés de 65 à 74 ans,
· 11 pour 100 des Canadiens âgés de 75 à 84 ans,
· 35 pour 100 des Canadiens âgés de 85 ans et plus

Signes de démence

Il n'est pas rare d'oublier un nom ou un rendez-vous qui nous revient plus tard à l'esprit. Cependant, lorsqu'une personne est atteinte de démence, elle n'arrive pas à s'en souvenir. Elle peut vous poser une question, écouter attentivement votre réponse puis vous poser de nouveau la même question.

La démence évolue à des rythmes différents selon la personne. Les personnes atteintes de démence présenteront probablement quelques-uns des signes suivants :
· oublier des rendez-vous, égarer des objets personnels
· ne pas trouver les mots justes, ne pas reconnaître les objets, ne pas pouvoir remplir des tâches familières
· répéter des mots ou des expressions
· s'égarer dans des endroits familiers, ne pas savoir quelle heure il est ou quel jour on est
· se comporter de manière inappropriée, faire preuve d'un mauvais jugement
· changer d'humeur, par ex., passer rapidement du rire aux larmes, puis aux cris
· changer de personnalité, par ex., devenir irritable, méfiant ou craintif
· avoir un besoin constant d'attention et d'être rassuré
· avoir de la difficulté à planifier et à résoudre les problèmes
· montrer une perte d'intérêt à l'égard d'activités jusqu'alors appréciées
· ne plus avoir envie d'être avec les autres
· être déprimé

Comment parler à une personne âgée atteinte de démence

Il peut être difficile pour les personnes atteintes de démence de trouver les mots justes pour exprimer ce qu'elles veulent dire et de comprendre ce que vous leur dites. Cependant, elles doivent s'exprimer et interagir avec les autres comme tout le monde. Il leur arrive d'être contrariées. Votre patience et votre compréhension contribuent parfois à atténuer cet état de contrariété.

Lorsque vous parlez à une personne atteinte de démence :

- parlez d'un ton normal, calme ; manifestez de la chaleur, de la compréhension et du respect ; évitez le langage enfantin et les expressions comme « ma petite madame » ;
- posez des questions auxquelles on répond simplement par oui ou par non (p. ex., « Avez-vous faim ? » ou « Aimeriez-vous manger quelque chose ? »). Si vous avez besoin de renseignements plus précis, demandez à d'autres personnes, comme des membres de la famille, de vous les donner. Évitez d'accabler les personnes atteintes de démence de questions auxquelles elles ne peuvent pas répondre ;
- faites preuve de patience et donnez à la personne le temps de répondre ;
- concentrez-vous sur les points forts et les habiletés (p. ex., « Je vois que vous avez fait de l'exercice ; c'est fantastique de prendre soin de vous comme ça. ») ;
- expliquez toujours ce que vous êtes sur le point de faire pour la personne (p. ex., « Je suis ici pour vous aider à vous habiller. D'abord, je vais vous aider à défaire les boutons de votre pyjama. ») ;
- aidez la personne à prendre conscience de l'heure et de la date ainsi que de l'endroit où elle se trouve (p. ex., « Aujourd'hui, c'est mardi. »). Ne leur demandez jamais de vous dire l'heure ou la date ni l'endroit où elles sont ; il est probable qu'elles ne le pourront pas et auront donc un sentiment d'échec ;
- aidez-les à se souvenir ; demandez-leur de regarder un album photos ou de vous parler de leur enfance ou de leur carrière ; même si vous avez déjà entendu leurs récits, ça leur fait plaisir de vous les raconter de nouveau et ça les aide à bâtir une relation solide ;
- si elles vous disent quelque chose qui n'est pas vrai, n'argumentez pas (p. ex., si une personne vous dit que sa mère viendra lui rendre visite, alors qu'en fait sa mère est morte, dites : « Parlez-moi de votre mère. ») ;
- si elles sont obsédées par quelque chose qu'elles ne peuvent pas avoir maintenant, passez à un autre sujet qui porte sur un aspect d'elle que vous connaissez (p. ex., « J'ai vu que votre petite-fille vous a rendu visite aujourd'hui. ») ;
- si vous devez parler à quelqu'un au sujet d'une personne atteinte de

démence en la présence de cette personne, n'oubliez pas qu'elle peut vous entendre et qu'elle comprendra peut-être ce que vous dites.

Comment faire face aux changements de comportement

AGRESSIVITÉ

Les personnes atteintes de démence peuvent devenir agressives lorsqu'elles ont peur ou qu'elles se sentent impuissantes ou menacées. Vérifiez auprès de votre organisme quelles sont les lignes directrices à suivre pour faire face aux comportements agressifs.

Lorsque vous travaillez auprès de personnes connues pour leur agressivité :
· demandez aux membres de la famille ou à d'autres intervenants si l'agressivité de la personne peut être déclenchée par certaines situations (p. ex., se faire dire de faire certaines choses ou prendre un bain) ;
· lorsque c'est possible, créez un environnement apaisant et sécurisant dans lequel la personne a un sentiment de contrôle, suffisamment d'espace personnel et n'est pas dérangée par le bruit. Demandez si certains types de musique peuvent contribuer à calmer la personne ;
· si la personne devient agressive, restez calme et quittez la pièce. N'essayez pas de raisonner ou d'argumenter. Attendez quelques minutes puis revenez, en lui faisant un sourire pour rediriger son attention ;
· surtout, protégez-vous. Signalez à votre superviseur tout épisode d'agressivité.

PERTE DES INHIBITIONS

La démence peut altérer le jugement des personnes et leur faire perdre leurs inhibitions. Dans des cas rares, cette perte des inhibitions peut se traduire par des comportements sexuels étranges, comme se déshabiller en public, faire des gestes sexuels ou des attouchements déplacés ou avoir un langage inapproprié. Encore une fois, vérifiez auprès de votre organisme quelles sont les lignes directrices permettant de gérer ces comportements.

N'oubliez pas que ce comportement est causé par la maladie. Évitez autant que possible les réactions excessives. Dissuadez gentiment la personne de se livrer à telle ou telle activité en redirigeant son attention. Par exemple, si un homme âgé se frotte les organes génitaux, essayez de l'amener à faire quelque chose d'autre avec ses mains, comme jouer au ballon ou regarder un album photos. Vous pouvez également essayer d'amener la personne dans un endroit discret. Si vous savez d'avance qu'une personne est susceptible de se comporter de cette façon, essayez de trouver au préalable des façons de rediriger son attention.

PROBLÈMES DE COMMUNICATION

À mesure que la démence évolue, les personnes qui en sont atteintes ont de plus en plus de difficulté à communiquer. Vous pouvez les aider à faire du mieux qu'elles peuvent en reconnaissant et en acceptant leurs limites.

· *Dans les premiers stades* : les personnes atteintes de démence sont susceptibles d'être conscientes de leur difficulté à trouver les mots justes. Aidez-les à communiquer en leur proposant des mots ou en leur faisant des rappels discrets.

· *Plus tard* : les personnes atteintes de démence seront moins conscientes de leurs difficultés, mais elles seront de plus en plus déconcertées et agitées. Aidez-les à trouver les mots seulement lorsque c'est nécessaire. Ne les corrigez pas et n'insistez pas. Utilisez des images ou des objets qui les aideront à se souvenir.

· *Dans les derniers stades* : les personnes atteintes de démence seront peut-être incapables de communiquer avec des mots, mais elles comprendront peut-être encore ce que vous dites. Elles apprécieront peut-être aussi la communication non verbale. Lorsque vous parlez, utilisez des gestes, des expressions faciales et un ton de voix qui contribuent à créer un lien.

Quand demander de l'aide

Si vous croyez que la personne a besoin de plus de soins pour sa démence, parlez-en à votre superviseur. Donnez des exemples qui illustrent les changements que vous avez constatés chez la personne. Quelqu'un devra peut-être rencontrer la personne pour réévaluer la situation.

Dépression

La dépression est causée par un déséquilibre chimique dans le cerveau. Elle perturbe les pensées, les sentiments, les comportements et la santé physique. Elle cause beaucoup de souffrance chez les personnes déprimées et chez celles qui s'en occupent.

Une personne est peut-être déprimée lorsqu'elle est dans un état de tristesse et de désespoir qui dure depuis plus de deux semaines. La dépression diffère de la tristesse, mais elle peut être déclenchée par la tristesse causée par une perte, du stress ou un changement important dans la vie. Elle peut également se manifester sans raison apparente. La dépression ne se guérit pas toute seule par simple détermination.

La dépression chez les personnes âgées

Certaines personnes connaissent des épisodes de dépression pendant toute leur vie, d'autres éprouvent leur premier épisode tard dans la vie. La dépression peut affecter n'importe qui, à n'importe quel âge. Cependant, elle passe souvent inaperçue chez les personnes âgées parce que certains signes de dépression peuvent être confondus avec des signes de vieillissement. Les personnes âgées déprimées demandent rarement de l'aide de leur propre initiative. Si elle n'est pas traitée, cette maladie peut durer pendant des semaines, des mois, voire des années. La dépression non traitée est la principale cause de suicide chez les personnes âgées.

La dépression peut être liée :
- à des problèmes médicaux, comme une douleur ou une maladie chronique, des troubles thyroïdiens, un AVC ou la maladie d'Alzheimer ;
- à de la violence physique ou affective, à de l'exploitation financière, à des abus sexuels ou à de la négligence ;
- aux effets secondaires de certains médicaments ;
- à l'alcool qui, s'il est consommé pour atténuer la dépression, peut créer d'autres problèmes ou aggraver la dépression ;

- à la perte de la conjointe ou du conjoint, d'autres membres de la famille ou d'amis ;
- à la perte de l'intimité et du toucher, à l'isolement, à la solitude ;
- à une transition, comme quitter la maison familiale ;
- à la perte d'autonomie ;
- au fait de se sentir moins en sécurité.

Heureusement, les antidépresseurs et le counseling peuvent contribuer à faire disparaître la dépression.

La dépression est-elle courante chez les personnes âgées ?

- Près de 20 pour 100 des personnes âgées vivent une dépression (Seeking Solutions, 2003).
- La dépression est plus fréquente chez les personnes qui vivent dans des établissements que chez celles qui vivent dans la collectivité.
- Le suicide est cinq fois plus probable chez les personnes de plus de 60 ans que chez les personnes plus jeunes (Mood Disorders Association of Ontario, s.d.).

Signes de dépression

Beaucoup de personnes croient que la dépression chez les personnes âgées est une réaction normale au vieillissement (p. ex., « Pas étonnant qu'il soit déprimé : il a 82 ans. » ou « Si j'avais de l'arthrite, je serais probablement déprimée, moi aussi. »). Cependant, la dépression *n'est pas* une caractéristique normale du vieillissement.

Une personne âgée peut être gravement déprimée lorsqu'elle :
- ne s'habille pas ou ne répond pas au téléphone ni à la porte ;
- cesse de s'intéresser aux activités qu'elle avait l'habitude d'aimer ou passe plus de temps seule que d'habitude ;
- se sent désespérée, sans importance et attristée ;
- a des crises inhabituelles de larmes, d'agitation ou de colère, ou montre peu d'émotion ;

- parle moins que d'habitude ou répond aux questions avec le moins de mots possibles ;
- appelle ou se plaint souvent ou a fréquemment des exigences ;
- dort mal ou dort trop ;
- a plus ou moins d'appétit que de coutume ;
- manque d'énergie ;
- semble déconcertée ou a de la difficulté à se souvenir de certaines choses ;
- a de la difficulté à prendre des décisions ou à compléter ses plans ;
- parle de suicide.

Comment parler à une personne âgée qui est déprimée

Il est possible que les personnes âgées ne veuillent pas dire qu'elles sont déprimées. Elles pensent peut-être que la dépression fait partie du processus de vieillissement, et qu'elles devraient pouvoir s'en sortir toutes seules. Il se peut qu'elles aient peur d'avoir l'air faibles ou paresseuses ou de perdre leur autonomie parce que les autres pensent qu'elles ne peuvent pas se débrouiller seules.

Il faut du temps pour établir un climat de confiance avec la personne âgée, et il lui faut du courage pour exprimer ses émotions. Lorsque vous et la personne âgée êtes seuls et avez le temps de parler :

- Encouragez la personne à partager ses émotions en lui posant des questions (p. ex., « Comment vous sentez-vous ? » « Est-ce que quelque chose vous tracasse ? »). Laissez à la personne le temps de répondre et prenez le temps d'écouter. Ne donnez pas d'exemples d'autres personnes que vous connaissez qui ont des problèmes semblables ou plus difficiles.
- Montrez que vous comprenez que les temps sont durs et qu'il peut être difficile d'en parler. Soyez positif et dites la vérité (p. ex., « Ça ne doit pas être facile avec tout ce qui est arrivé récemment. »). N'essayez pas de minimiser la gravité des problèmes de la personne.
- Essayez de lui donner de l'espoir en soulignant ses points forts ou même de petites améliorations dans sa situation (p. ex., « Je vois que vous êtes déjà debout et habillée. »). Remarquez ce qui a changé depuis votre dernière

visite ; est-ce que la personne a souri ou vous a-t-elle appelée par votre prénom ?

· Si une personne âgée vous avoue se sentir sans espoir, sans importance et attristée, encouragez-la à demander de l'aide (p. ex., « Il est utile de parler de ces sentiments à un médecin ; il existe de l'aide. »).

Quand demander de l'aide

· Si vous pensez qu'une personne âgée dont vous vous occupez peut être déprimée, signalez-le à votre superviseur qui trouvera pour elle des soins professionnels offerts par du personnel qualifié.

· Ne prenez pas à la légère les propos suicidaires, même s'ils sont fréquents. Écoutez la personne et parlez-lui doucement et calmement. Demandez-lui par exemple : « Comment pensez-vous vous suicider ? Avez-vous un plan ? » Le fait de parler de ses plans avec la personne ne fera pas augmenter le risque qu'elle passe à l'acte. Signalez ce que la personne vous a dit à votre superviseur.

· Parler de suicide avec une autre personne peut vous rendre émotif et vous perturber. Si tel est le cas, partagez vos émotions avec votre superviseur plutôt qu'avec votre famille ou vos amis. Vous devez toujours protéger la vie privée des personnes âgées avec lesquelles vous travaillez et la confidentialité des renseignements qui les concernent.

· Si vous voulez vous sentir mieux préparé à discuter de cette question avec des personnes âgées, vous pouvez suivre une formation appliquée en techniques d'intervention face au suicide (Applied Suicide Intervention Skills Training). Informez-vous auprès de l'Association canadienne pour la santé mentale pour savoir si cette formation est offerte dans votre collectivité. (Consultez la section sur les Ressources supplémentaires à la page 42 pour connaître les coordonnées de l'Association.)

Problèmes de jeu de hasard et d'argent

Les personnes âgées ont maintes occasions de jouer et ont souvent plus de temps libre pour ce faire que les jeunes adultes. Les casinos offrent des services d'autobus pour transporter des personnes âgées des centres et des maisons de retraite ; les organismes de bienfaisance organisent des soirées de bingo et des loteries comme événements sociaux pour les personnes âgées.

Les personnes âgées peuvent considérer le jeu comme :
· un moyen de sortir et de rencontrer des gens ;
· une occasion de soutenir un organisme de bienfaisance ;
· un moyen d'échapper à leurs problèmes, à l'ennui ou à la solitude ;
· une occasion de gagner de l'argent.

Qu'est-ce qu'un problème de jeu ?

Beaucoup de personnes âgées s'adonnent à des jeux de hasard et d'argent, mais la plupart limitent leurs dépenses à de petits montants au casino, à l'hippodrome ou au bingo ou encore pour jouer aux cartes ou acheter des billets de loterie. Cependant, certaines développent des problèmes de jeu et peuvent même perdre leurs économies ou leur maison. Les personnes âgées sont généralement retraitées et leurs ressources sont limitées ; si elles perdent de l'argent, il leur est difficile de récupérer leurs pertes.

La perte d'argent n'est pas le seul risque associé au jeu. Le jeu peut aussi nuire à la santé physique. Certaines personnes âgées passent des heures assises aux machines à sous au lieu de se livrer à des activités plus saines.

Certains ne considèrent pas que les machines à sous et les loteries sont des formes de jeu. Certains considèrent que le jeu ne devient problématique que si quelqu'un vole pour jouer. Même quand ils dépensent toutes leurs économies au jeu, les joueurs ne se rendent pas nécessairement compte de leur problème et espèrent toujours gagner le gros lot.

Les habitudes de jeu des proches, par exemple, d'une conjointe ou d'un conjoint de la personne âgée ou de ses enfants—qui ont peut-être emprunté et perdu de l'argent—peuvent également créer des problèmes.

Les problèmes de jeu sont-ils courants chez les personnes âgées ?

On pense que les problèmes de jeu sont moins courants chez les personnes âgées que chez les jeunes. Des études récentes montrent que 2,1 pour 100 des personnes âgées de 60 ans ou plus ont des problèmes de jeu (comparativement à 4,8 pour 100 de tous les adultes en Ontario ; CAMH, 2005).

Cependant, parce que les personnes âgées ont tendance à avoir moins de contacts avec leurs amis et leur famille que les jeunes, les problèmes liés au jeu risquent davantage de passer inaperçus chez les personnes âgées.

Signes d'un problème de jeu

Lorsque le jeu perturbe, brise ou entrave la vie d'une personne âgée, c'est un problème. Les signes de jeu problématique comprennent entre autres :
· consacrer plus d'argent que prévu au jeu
· ne pas se sentir bien, se sentir accablé ou coupable vis-à-vis du jeu
· ne pas avoir assez d'argent pour se nourrir ou pour payer son loyer ou ses factures
· ne pas être capable de dire ce qu'on a fait pendant de longues périodes
· se replier sur soi, s'isoler
· être angoissé ou déprimé

Comment parler à une personne âgée qui a un problème de jeu

Les personnes âgées peuvent essayer de cacher ou de nier qu'elles ont un problème de jeu. Elles peuvent se sentir accablées, avoir honte de la situation ou ne pas savoir qu'elles peuvent obtenir de l'aide.

Si vous pensez qu'une personne âgée a un problème de jeu, lui poser quelques questions peut aider à déterminer l'ampleur du problème.

Encouragez la personne à parler de ses habitudes de jeu, sans pour autant lui demander si elle a un problème. Ne la confrontez pas et ne la jugez pas. Par exemple, vous pouvez commencer par lui demander :

· Qu'est-ce que vous faites pour vous amuser ?
· Jouez-vous au bingo ou achetez-vous des billets de loterie parfois ?
· Allez-vous au casino ou à l'hippodrome à l'occasion ?

Si la personne dit qu'elle joue régulièrement et qu'elle est disposée à en parler, demandez-lui :

· Qu'est-ce que vous aimez à l'idée d'aller au casino (ou de jouer aux machines à sous, au bingo, à la loterie, etc.) ?
· Y a-t-il quelque chose que vous n'aimez pas au sujet de cette activité ?

Quand demander de l'aide

La façon dont les personnes âgées répondent à ces dernières questions peut laisser penser qu'elles dépensent plus d'argent qu'elles voudraient ou qu'elles souhaitent arrêter, mais une fois qu'elles auront gagné. Vous pouvez alors mentionner que vous avez entendu dire que le jeu peut causer des problèmes pour de nombreuses personnes et que certains conseillers se spécialisent dans l'aide aux personnes qui ont des problèmes liés au jeu.

Si la personne âgée se montre intéressée à en savoir davantage, dites-le à votre superviseur qui tentera de diriger la personne âgée vers un conseiller spécialisé en jeu problématique.

Médicaments

Les personnes âgées consomment jusqu'à 40 pour 100 de tous les médicaments prescrits au Canada (Holloway, 2001). La plupart des personnes âgées consomment plusieurs sortes de médicaments à la fois.

Beaucoup de personnes âgées prennent leurs médicaments comme ils leur sont prescrits, mais certaines oublient de les prendre ou les partagent avec d'autres personnes. Certaines essaient aussi peut-être de traiter leur maladie elles-mêmes, en prenant plus ou moins de médicaments que ce qui leur a été prescrit ou en prenant des médicaments qui ne leur ont pas été prescrits ; c'est ce qu'on appelle l'automédication.

Les médicaments, même s'ils sont pris selon les directives, peuvent avoir des effets imprévus sur les personnes âgées. Par exemple :
· effets secondaires
· interactions
· dépendance et sevrage
· autres problèmes

EFFETS SECONDAIRES
Des effets secondaires comme la constipation, une bouche sèche ou des démangeaisons peuvent être désagréables. Les médicaments peuvent également avoir des effets secondaires dangereux. Par exemple, ils peuvent causer du délire, un déséquilibre et de la confusion et entraîner des chutes ou encore aggraver un état de dépression et conduire au suicide. Les réactions aux médicaments sont souvent confondues avec des signes de vieillissement ou d'une santé qui décline.

Le corps des personnes âgées métabolise les médicaments plus lentement que celui des jeunes. Cependant, la plupart des médicaments ne sont pas testés auprès de personnes âgées. Comme les médicaments peuvent demeurer plus longtemps dans leur organisme, ils peuvent avoir chez elles des effets qui passent inaperçus chez les plus jeunes.

INTERACTIONS
La consommation de plus d'un médicament à la fois peut donner lieu à des interactions médicamenteuses. Lorsqu'il y a interaction, les médicaments peuvent perdre de leur efficacité ou encore l'interaction peut causer d'autres problèmes. Les personnes âgées doivent dire à leur médecin ou à leur pharmacien tous les médicaments qu'elles prennent, qu'il s'agisse de médicaments sur ordonnance, en vente libre ou à base de plantes.

Les personnes âgées ne devraient pas mélanger les médicaments et l'alcool, même en petite quantité. Certains médicaments perdent de leur efficacité s'ils sont pris avec de l'alcool, et ne pourront pas traiter correctement le problème de santé. D'autres médicaments ont un effet accru et dangereux lorsqu'ils sont pris avec de l'alcool et peuvent causer des troubles de l'élocution, de la somnolence, des trébuchements et des chutes. Les personnes âgées qui le savent s'abstiennent parfois de prendre leurs médicaments quand elles veulent boire de l'alcool. Cependant, sauter une dose d'un médicament sur ordonnance peut également causer des problèmes.

DÉPENDANCE ET SEVRAGE

Les médicaments prescrits pour traiter l'angoisse, les problèmes de sommeil ou la douleur peuvent causer une *dépendance* lorsqu'ils sont pris pendant une longue période. Lorsque des personnes ont une dépendance à un médicament, elles en ressentent le *besoin* pour pouvoir fonctionner, même lorsque consommer ce médicament peut leur causer des problèmes. Si elles arrêtent de prendre le médicament, elles peuvent ressentir des symptômes de sevrage, ce qui peut les rendre gravement malades et angoissées, selon le médicament et le degré de dépendance.

Les personnes âgées qui ont une dépendance à un médicament peuvent :
· s'isoler parce qu'elles essaient de cacher leur consommation
· se comporter de manière à éloigner les parents et amis
· négliger leurs soins personnels

AUTRES PROBLÈMES

L'acétaminophène (Tylenol) et l'acide acétylsalicylique (aspirine), des analgésiques courants, peuvent causer des dommages au foie qui peuvent être mortels lorsqu'ils sont consommés en doses excessives et en particulier lorsqu'ils sont consommés avec de l'alcool. La consommation sur une longue période de Tylenol à la codéine peut mener à une dépendance.

Lorsqu'ils sont pris trop souvent ou pendant trop longtemps, les médicaments utilisés pour traiter la constipation ou les maux d'estomac peuvent également être dangereux.

La consommation de drogues illégales comme la marijuana, la cocaïne, l'héroïne et les méthamphétamines devient de plus en plus courante à mesure que les baby-boomers prennent de l'âge. L'augmentation de l'usage de ces drogues chez les personnes âgées pourrait donner lieu à un nouvel ensemble de problèmes.

Les problèmes liés aux médicaments sont-ils courants chez les personnes âgées ?

· On estime que 50 pour 100 des médicaments sur ordonnance ne sont pas pris correctement.
· Jusqu'à 20 pour 100 des hospitalisations de personnes de plus de 50 ans sont attribuables à des problèmes liés aux médicaments (Coambs et coll., 1995).
· Plus de 150 médicaments couramment prescrits aux personnes âgées peuvent causer des problèmes s'ils sont pris avec de l'alcool (Seeking Solutions, 2004).

Signes de problèmes liés aux médicaments

Les signes de problèmes liés aux médicaments sont parfois confondus avec des signes du vieillissement. Par exemple :
· troubles de l'élocution
· confusion, léthargie ou somnolence accrue
· trébuchements, chutes
· nouveaux symptômes médicaux après le début de la prise d'un médicament

Comment parler à une personne âgée qui a un problème lié aux médicaments

Vous pouvez aider à cerner les problèmes liés à la consommation de médicaments en demandant par exemple :

· « Comment faites-vous pour savoir les médicaments que vous prenez ? » « Avez-vous une liste ? » « Utilisez-vous une boîte à pilules ? »
· « Savez-vous à quoi sert chaque médicament ? »
· « J'ai entendu dire que certains médicaments interagissent et sont moins efficaces ou qu'ils peuvent causer des problèmes. Votre médecin ou votre pharmacien est-il au courant de tout ce que vous prenez, y compris les médicaments à base de plantes ? »
· « Savez-vous si l'alcool a un effet sur vos médicaments ? »

Quand demander de l'aide

Prévenez votre superviseur si :

· une personne âgée semble incapable de savoir exactement les médicaments qu'elle prend ;
· une personne âgée fait appel à plus d'un médecin pour obtenir un certain médicament ;
· vous remarquez des changements dans le comportement de la personne âgée ou dans son état de santé après qu'elle a commencé à prendre un nouveau médicament ;
· vous pensez qu'une personne âgée prend mal ses médicaments : elle en prend plus ou moins que la posologie indiquée ou les partage avec d'autres personnes ;
· vous pensez que la consommation d'alcool d'une personne âgée peut causer des problèmes avec ses médicaments.

3

Instruments et techniques de communication

Chacun de nous a besoin d'être écouté et compris. Vous pouvez faire une différence dans la vie d'une personne âgée en passant quelques moments à parler avec elle.

Façons de communiquer

Lorsque vous communiquez avec des personnes âgées :
· n'utilisez pas de termes péjoratifs (p. ex., les vieux, sénile, faible) ; utilisez plutôt des termes comme personnes âgées, aînés, âge d'or, pour désigner ce groupe d'âge ;

- si vous pensez que la personne a de la difficulté à vous voir ou à vous entendre, demandez-lui : « M'entendez-vous bien ? » ou « Me voyez-vous bien ? » ;
- n'oubliez pas que 80 pour 100 des Canadiens de plus de 65 ans ont « une capacité de lecture limitée » (Santé Canada, 1999). Beaucoup de personnes âgées aiment parler d'une chose plutôt que de lire à son sujet ;
- encouragez les personnes âgées à parler de leur vie et de leurs expériences personnelles. Lorsqu'une personne raconte ses propres histoires, cela l'aide à se sentir plus à l'aise et vous renseigne sur les défis qu'elle a à relever, ses points forts, sa culture, ses passe-temps et intérêts, et sa vision du monde. Ces renseignements vous aideront à établir des liens avec la personne âgée ;
- ne confrontez pas la personne âgée et n'argumentez pas avec elle ;
- il se peut que vous ne passiez qu'une courte période avec une personne âgée. Vous serez peut-être incapable de bien la connaître ou de comprendre tous ses besoins en matière de soins. Lorsque vous remarquez chez une personne âgée un comportement qui pourrait être le reflet d'un problème de toxicomanie ou de santé mentale, offrez-lui de la chaleur et du soutien, pas des conseils, et signalez ce que vous avez constaté à votre superviseur.

Écouter

Pour bien écouter, vous devez :
- vouloir entendre ce que dit l'autre personne
- vouloir être utile
- accepter les sentiments de l'autre personne
- établir un contact visuel
- hocher de la tête pour montrer que vous entendez ou répondre par quelques mots d'encouragement
- considérer l'autre personne comme unique, avec ses propres expériences et façons de s'exprimer

Parler des problèmes et donner des renseignements

Lorsque vous parlez à une personne âgée qui peut avoir un problème de toxicomanie, de santé mentale ou de jeu, rappelez-vous de ce qui suit :

- Certains moments sont plus propices que d'autres pour parler des problèmes. Si la personne est accablée de soucis, attendez que les choses aillent mieux.
- Certains problèmes peuvent exister depuis longtemps ou être plus compliqués qu'ils ne le semblent. Rappelez-vous qu'ils n'ont pas à être réglés tout de suite et que vous n'avez pas à les régler.
- Tout ce que vous entendez et voyez lorsque vous avez un contact personnel avec des personnes âgées est privé et confidentiel. Cependant, il est important de faire part à votre superviseur de vos préoccupations au sujet de la santé de la personne. En outre, vous devez mentionner les signes qui laisseraient présager que la personne pourrait représenter un danger pour elle-même ou pour autrui ou être victime de violence ou d'abus.
- Avant de donner des renseignements à une personne âgée au sujet d'un problème, vérifiez auprès de votre superviseur si vous en avez la permission. Si oui, demandez à la personne âgée si elle souhaite avoir ces renseignements (p. ex., « Aimeriez-vous en savoir plus sur les interactions entre l'alcool et les médicaments et les problèmes qu'elles peuvent causer ? »).
- Les renseignements doivent être présentés de manière neutre, sans dramatiser (p. ex., « J'ai entendu dire que les personnes déprimées parlent rarement aux autres de leur dépression, ce qui peut les rendre encore plus déprimées. J'ai aussi entendu dire que les personnes qui parlent de leurs émotions à leur médecin et qui demandent un traitement sont souvent capables de surmonter leur dépression et de profiter de la vie. »).

Limites

Dans votre travail, vous constaterez que certaines personnes âgées peuvent avoir des comportements que vous trouverez surprenants, exigeants, ennuyeux, dérangeants ou même effrayants. Parfois, la meilleure chose à faire est de vivre avec ces comportements ou d'en faire abstraction. Par exemple, si la personne dont vous vous occupez insiste pour vous raconter les mêmes histoires encore et encore et que vous trouvez cela irritant, posez-vous les questions suivantes :

· Cette personne est-elle atteinte de démence ?
· Se sent-elle seule ?
· Le fait de raconter les mêmes histoires encore et encore lui fait-il plaisir ?

Parfois, en changeant votre façon de voir les choses, vous calmerez votre irritation et vous vous sentirez plus généreux envers la personne.

Cependant, qu'arrive-t-il si le comportement d'une personne à votre endroit est grossier, offensant ou menaçant ? Par exemple, il peut arriver que la personne crie, ait des exigences, vous touche de manière inappropriée ou fasse des commentaires racistes. Si cela se produit, il vous faudra peut-être établir des limites pour éviter de perdre votre temps et préserver votre dignité et votre sécurité.

Même si vous croyez pouvoir faire face à la situation, parlez-en à votre superviseur pour obtenir du soutien et de l'encouragement avant de prendre une initiative. Ce faisant, vous vous protégez vous-même au cas où la personne âgée se plaindrait de vous. Demandez à votre superviseur s'il a des renseignements sur la santé mentale ou physique de la personne âgée qui pourraient expliquer son comportement. Voyez s'il est possible d'apporter des changements pour faire face à ces comportements (p. ex., une autre employée ou un autre employé pourrait être traité plus favorablement).

Si vous savez que ces comportements ne sont pas causés par la démence ou un autre problème de santé mentale, vous n'avez pas à les tolérer. En utilisant un ton calme, soyez clair et direct. Faites savoir à la personne les effets de son comportement. Par exemple, dites : « Quand vous criez après moi, je me sens menacée. Si vous continuez, je vais m'en aller. »

Précisez le comportement que vous attendez (p. ex., « Quand vous me parlerez d'un ton calme et paisible, je vous aiderai avec plaisir. »). Soyez ferme, mais gentil. Si les problèmes persistent, parlez-en à votre superviseur ou à d'autres membres de l'équipe pour trouver des solutions.

Soutien

Vous sentirez peut-être quelquefois que vous ne pouvez pas donner aux personnes âgées l'aide dont elles ont besoin. Ou encore, il se peut qu'elles agissent d'une façon qui ne fait qu'aggraver la situation. Cela peut vous énerver et vous donner l'impression qu'il n'y a pas de solution. Rappelez-vous que vous ne pouvez pas tout faire. Vous devez connaître les limites de vos responsabilités et savoir comment obtenir de l'aide supplémentaire lorsque vous en avez besoin.

Les organismes peuvent offrir différents niveaux de soutien aux intervenants et aux bénévoles, mais il y a toujours quelqu'un à qui vous pouvez faire part de vos préoccupations. Votre superviseur pourra alors prendre des dispositions pour obtenir de l'aide supplémentaire si besoin est.

Vos collègues peuvent également avoir de l'expérience ou des connaissances qui pourraient vous aider à trouver une solution à un problème ou vous aider à y faire face.

Vous pourriez également décider de suivre une formation supplémentaire ou de faire des lectures pour accroître vos connaissances. Vous pouvez commencer par consulter les sites Web et examiner les autres ressources énumérées dans la prochaine section.

Ressources supplémentaires

Services de santé mentale et de traitement des problèmes de toxicomanie et de jeu pour les personnes âgées en Ontario

Pour en savoir plus sur les problèmes de santé mentale, de toxicomanie et de jeu ainsi que sur les services mis à la disposition des personnes âgées dans votre collectivité, composez les numéros ci-dessous ou consultez les sites Web suivants :

SOCIÉTÉ ALZHEIMER DE L'ONTARIO
1 416 967-5900
http://www.alzheimer.ca/french/

ASSOCIATION CANADIENNE POUR LA SANTÉ MENTALE, ONTARIO
1 800 875-6213
www.ontario.cmha.ca

MOOD DISORDERS ASSOCIATION OF ONTARIO
1 888 486-8236
www.mooddisorders.on.ca

DART—DROGUE ET ALCOOL—RÉPERTOIRE DES TRAITEMENTS DE L'ONTARIO
1 800 565-8603
www.dart.on.ca

LIGNE ONTARIENNE D'AIDE SUR LE JEU PROBLÉMATIQUE
1 888 230-3505
www.opgh.on.ca

Sites Web utiles

LE VIEILLISSEMENT AU CANADA
www.agingincanada.ca
· traite des questions liées à la consommation d'alcool qui touchent les personnes âgées

COURS EN LIGNE SUR L'ALCOOL, LES MÉDICAMENTS ET LES PERSONNES ÂGÉES (ALCOHOL, MEDICATION AND OLDER ADULTS)
http://pathwayscourses.samhsa.gov/aaac/aaac_intro_pg1.htm
· pour les personnes qui s'occupent ou se soucient d'une personne âgée

CENTRE DE TOXICOMANIE ET DE SANTÉ MENTALE
www.camh.net
· renseignements sur la toxicomanie, la santé mentale et le jeu de hasard et d'argent
· renseignements sur les programmes, les services, les ressources et la formation

OLDER PERSONS' MENTAL HEALTH AND ADDICTION NETWORK (ASSOCIATION ONTARIENNE DE GÉRONTOLOGIE)

www.ontgerontology.on.ca/opmhan.htm
- représente plus de 50 organismes et groupes de défense des consommateurs et des familles régionaux et provinciaux
- renseignements concernant les problèmes de santé mentale et de dépendance, leurs effets sur les personnes âgées et les services disponibles en Ontario

SECRÉTARIAT AUX AFFAIRES DES PERSONNES ÂGÉES DE L'ONTARIO

www.citizenship.gov.on.ca/seniors/
- renseignements sur les programmes et services destinés aux personnes âgées

P.I.E.C.E.S.

www.piecescanada.com
- programmes d'information destinés aux superviseurs et aux professionnels de la santé qui servent des personnes atteintes de la maladie d'Alzheimer et de démences connexes ou de problèmes de santé mentale

THE REGIONAL GERIATRIC PROGRAM OF TORONTO

www.rgp.toronto.on.ca
- ressources sur les soins aux personnes âgées frêles

Bibliographie

BLAZER, D., L.K. GEORGE et D. HUGHES. « The epidemiology of anxiety disorders: An age comparison », dans C. Salzman et B.D. Lebowitz, éd., *Anxiety in the Elderly*, New York, Springer, 1991.

PROJET SUR LE JEU PROBLÉMATIQUE DU CENTRE DE TOXICOMANIE ET DE SANTÉ MENTALE. *Jeu problématique : Guide à l'intention des professionnels*, Toronto, Centre de toxicomanie et de santé mentale, 2005.

COAMBS, R.B., P. JENSEN, M. HAO HER, B.S. FERGUSON, J.L. JARRY, J.S.W. WONG et coll. *Review of the Scientific Literature on the Prevalence, Consequences, and Health Costs of Noncompliance & Inappropriate Use of Prescription Medication in Canada*, Toronto, University of Toronto Press, 1995.

CONSEIL CONSULTATIF NATIONAL SUR LE TROISIÈME ÂGE. *Les aînés des minorités ethnoculturelles*, Ottawa, le Conseil, 2005. Sur Internet : www.naca-ccnta.ca/margins/ethnocultural/index_f.htm

ÉTUDE SUR LA SANTÉ ET LE VIEILLISSEMENT AU CANADA. 1994. Sur Internet : www.csha.ca/about_study.asp

HOLLOWAY, D., éd. « Prudence : Médicaments ! », *Expression*, vol. 15, n° 1, 2001. Bulletin du Conseil consultatif national sur le troisième âge. Sur Internet : www.naca-ccnta.ca/expression/15-1/exp15-1_toc_f.htm

MOOD DISORDERS ASSOCIATION OF ONTARIO. S.D. *Want to Know More about . . . Seniors and Depression.* Sur Internet : www.mooddisorders.on.ca/seniors.html

RECTOR, N.A., D. BOURDEAU, K. KITCHEN et L. JOSEPH-MASSIAH. *Les troubles anxieux : Guide d'information,* Toronto, Centre de toxicomanie et de santé mentale, 2005.

SANTÉ CANADA. *Communiquer avec les aînés,* Ottawa, l'auteur, 1999. Sur Internet : http://www.phac-aspc.gc.ca/seniors-aines/pubs/communicating/toc_f.htm

SEEKING SOLUTIONS. *Older Adults, Alcohol and Depression,* Vancouver, l'auteur, 2003. Sur Internet : www.agingincanada.ca/alcohol_and_depression.htm

SEEKING SOLUTIONS. *Alcohol and Seniors. Best Practices 1,* 2004. Sur Internet : www.agingincanada.ca/intro%20to%20BP.htm

Autres ouvrages consultés

BLOW, F.C. (président du Consensus Panel). *Substance Abuse among Older Adults: Treatment Improvement Protocol (TIP) Series 26,* Rockville, MD, U.S. Department of Health and Human Services, 1998.

CENTRE DE TOXICOMANIE ET DE SANTÉ MENTALE. *Vouloir changer: Une approche axée sur le client traitant de l'usage d'alcool et de médicaments chez les aînés,* Toronto, le Centre, 1998.

CONN, D.K., N. HERRMAN, A. KAYE, D. REWILAK et B. SCHOGT. *Practical Psychiatry in the Long-Term Care Facility: A Handbook for Staff,* 2ᵉ éd., Toronto, Hogrefe & Huber, 2001.

CONSEIL CONSULTATIF NATIONAL SUR LE TROISIÈME ÂGE. *Écrits en gérontologie : Santé mentale et vieillissement,* Ottawa, Santé Canada, 2002. Sur Internet : http://naca-ccnta.ca/writings_gerontology/writ18/writ18_toc_f.htm

FORNAZZARI, L. « Older adults and substance use », dans B. Brands, éd., *Management of Alcohol, Tobacco and Other Drug Problems: A Physician's Manual,* Toronto, Centre de toxicomanie et de santé mentale, 2000, p. 349–357.

GERIATRIC EDUCATION & CONSULTATION SERVICES. *Fists, Slippers and Flying Canes: A Guide for Managing Aggressive Behaviour in the Elderly.* Notes d'un atelier, S.D.

MURRAY ALZHEIMER RESEARCH AND EDUCATION PROGRAM (MAREP). *Alzheimer Resource Manual,* Waterloo (Ontario), Université de Waterloo, 2000.

SANTÉ CANADA. *Meilleures pratiques—Traitement et réadaptation des personnes aînées ayant des problèmes attribuables à la toxicomanie,* Ottawa, l'auteur, 2002.

WARD, Mike. *Caring for Someone with an Alcohol Problem,* éd. rev., Londres, Age Concern England, 2003.

www.ingramcontent.com/pod-product-compliance
Lightning Source LLC
Chambersburg PA
CBHW060646280326
41933CB00012B/2171